Actual Editora
Conjuntura Actual Editora, S. A.

Missão
Editar livros no domínio da Gestão e da Economia e tornar-se uma editora de referência nestas áreas. Ser reconhecida pela sua qualidade técnica, **actualidade** e relevância de conteúdos, imagem e *design* inovador.

Visão
Apostar na facilidade e compreensão de conceitos e ideias que contribuam para informar e formar estudantes, professores, gestores e todos os interessados, para que, através do seu contributo, participem na melhoria da sociedade e da gestão das empresas em Portugal e nos países de língua oficial portuguesa.

Estímulos
Encontrar novas edições interessantes e **actuais** para as necessidades e expectativas dos leitores das áreas de Economia e de Gestão. Investir na qualidade das traduções técnicas. Adequar o preço às necessidades do mercado. Oferecer um *design* de excelência e contemporâneo. Apresentar uma leitura fácil através de uma paginação estudada. Facilitar o acesso ao livro, por intermédio de vendas especiais, *website, marketing,* etc.
Transformar um livro técnico num produto atractivo. Produzir um livro acessível e que, pelas suas características, seja **actual** e inovador no mercado.

Gerir a Mudança

Actual Editora
Conjuntura Actual Editora, S. A.
Rua Luciano Cordeiro, 123 - 1º Esq.
1069-157 Lisboa
Portugal

TEL: (+351) 21 319 02 40
FAX: (+351) 21 319 02 49

Website: www.actualeditora.com

Título original: *Managing change - Straight talk from the world's top business leaders*
Copyright © 2007 Fifty Lessons Limited
Edição original publicada por Harvard Business School Publishing Corporation
Publicado segundo contrato com Harvard Business School Press

Edição Actual Editora – Fevereiro de 2009
Todos os direitos para a publicação desta obra em Portugal reservados
por Conjuntura Actual Editora, S. A.
Tradução: Mariana Beleza Tavares
Revisão: Marta Pereira da Silva
Design da capa: Brill Design UK
Paginação: Fernando Mateus
Gráfica: Guide – Artes Gráficas, L.da
Depósito legal: 288401/09

ISBN: 978-989-8101-47-1

Nenhuma parte deste livro pode ser utilizada ou reproduzida, no todo ou em parte, por qualquer processo mecânico, fotográfico, electrónico ou de gravação, ou qualquer outra forma copiada, para uso público ou privado (além do uso legal como breve citação em artigos e críticas) sem autorização prévia por escrito da Conjuntura Actual Editora.

Este livro não pode ser emprestado, revendido, alugado ou estar disponível em qualquer forma comercial que não seja o seu actual formato sem o consentimento da sua editora.

Vendas especiais:
O presente livro está disponível com descontos especiais para compras de maior volume para grupos empresariais, associações, universidades, escolas de formação e outras entidades interessadas. Edições especiais, incluindo capa personalizada para grupos empresariais, podem ser encomendadas à editora. Para mais informações, contactar Conjuntura Actual Editora, S. A.

Os conselhos exclusivos dos líderes
de topo do mundo dos negócios

Gerir a Mudança

Lessons Learned

www.actualeditora.com
Lisboa — Portugal

A SÉRIE LESSONS LEARNED

Através do poder de uma história contada na primeira pessoa, cada livro da série Lessons Learned apresenta a sabedoria acumulada de alguns dos especialistas mais conhecidos do mundo e partilha a forma de pensar destes profissionais, como abordam novos desafios e como fazem uso de lições arduamente aprendidas através da experiência própria para definir as suas filosofias de liderança.

Organizados por temas, de acordo com os assuntos na agenda dos gestores de topo, cada livro retira da extensa biblioteca de vídeo da Fifty Lessons entrevistas a CEO e a outros líderes do pensamento. Aqui, os executivos, académicos e ideólogos dos negócios de todo o mundo falam directa e abertamente sobre as suas conquistas e derrotas.

Em conjunto, estas histórias oferecem os conselhos de que precisa para enfrentar os desafios de amanhã.

Outros livros da série:
Liderar pelo exemplo
Gerir a carreira

NOTA DO EDITOR

Em parceria com a Fifty Lessons, fornecedora líder de conteúdos de *media* digitais, a Actual Editora e a Harvard Business School Press têm o prazer de anunciar o lançamento da Lessons Learned (que será editada dentro da colecção Conceitos Actuais), uma nova série de livros que apresenta exemplos pelas reputadas vozes dos líderes mundiais mais experientes. Através do poder de uma história contada na primeira pessoa, cada livro da série Lessons Learned apresenta a sabedoria acumulada de alguns dos especialistas mais conhecidos do mundo e permite o acesso à forma de pensar destes profissionais, a como abordam novos desafios e a como fazem uso de lições arduamente aprendidas por experiência própria para definir as suas filosofias de liderança. Organizados por temas, de acordo com os assuntos na agenda dos gestores de topo – liderança, gestão da mudança, empreendedorismo, inovação e estratégia, para citar alguns –, cada livro retira da extensa biblioteca de vídeo da Fifty Lessons entrevistas a CEO e a outros líderes do pensamento. Aqui, os executivos, académicos e ideólogos dos negócios de todo o mundo falam directa e abertamente sobre os seus triunfos e derrotas.

Em conjunto, estas histórias oferecem os conselhos de que precisa para enfrentar os desafios de amanhã.

Convidamo-lo a juntar-se a esta conversa. Vai encontrar novas formas de ver o mundo, bem como o conselho, experimentado e autêntico, de que precisa para iluminar o caminho que tem pela frente.

ÍNDICE

1. **PETER BIRCH**
   Não adiar a mudança — 11

2. **JOHN WHYBROW**
   Mudar hoje, não amanhã — 15

3. **LAURA TYSON**
   Não deixar que a burocracia
   bloqueie a mudança — 19

4. **DAVID BRANDON**
   A mudança é boa — 23

5. **SIR NICK SCHEELE**
   A mudança resulta de uma
   comunicação consistente — 27

6. **WILLIAM HARRISON**
   É preciso adaptar-se à mudança — 31

7. **JAMES STRACHAN**
   Mudar é simples — 35

8. **SHELLY LAZARUS**
   Tornar o risco confortável — 39

9. **JOHN ROBERTS**
Lidar com a oposição à mudança
de cultura 43

10. **MAURICE LÉVY**
Reinventar uma organização 45

11. **STEPHEN TINDALE**
Reposicionar uma organização 49

12. **MEL LAGOMASINO**
Saber quando deve abandonar o jogo 53

13. **PAUL SKINNER**
Vigiar o ambiente do seu negócio
e antecipar a mudança 57

14. **JOHN ABELE**
Mudar uma cultura para criar
um novo mercado 61

Sobre os participantes 65

Agradecimentos 72

LIÇÃO Nº I

NÃO ADIAR A MUDANÇA
PETER BIRCH
Antigo *chairman* do Land Securities Group

Fui nomeado administrador não executivo da Argos, o retalhista de venda por catálogo. Foi o primeiro cargo não executivo que ocupei e aceitei-o de bom grado, porque a Argos detém um número significativo de redes de retalho – de facto, várias centenas – e é um projecto de sucesso. No início, era o único administrador não executivo; viemos depois a recrutar um outro.

Os administradores executivos tinham passado toda a sua vida de trabalho nesta empresa; não tinha existido mudanças de qualquer tipo; e o CEO, o Dr. Mike Smith, tinha sido extremamente bem sucedido. Era venerado na City de Londres* e não podia cometer erros. Tudo parecia ir bem na Argos até que ele começou a abrandar o ritmo. Era um fumador inveterado e ninguém se apercebeu na altura de que estava doente. Tentou continuar mas, infelizmente, tinha cancro. O cancro apoderou-se dele e tornou-o incapaz de tomar decisões, situação que se arrastou por dois anos. Não se tomavam decisões, não progredíamos como antes e ele continuava a ser o chefe com o controlo total. A equipa de gestão, que tinha trabalhado para ele desde o primeiro dia, era composta por indivíduos subservientes e, por isso, não existia um verdadeiro debate no conselho de administração nem desejo de mudança.

---

* **N. T.** O centro de negócios da capital inglesa.

Enquanto administrador não executivo, tentei forçar drasticamente a mudança. Era desagradável nas reuniões do conselho de administração e cheguei a "fazer uma cena". Tentei outra abordagem, a de ganhar a confiança do CEO para tentar promover a mudança, mas ele não estava interessado. Começou a faltar às reuniões do conselho – não queria admitir que tinha cancro apesar de já todos o sabermos – e, por fim, viu-se forçado a ausentar-se do trabalho. Sensivelmente na mesma altura, o director financeiro adoeceu, o que não impediu que ele e o CEO continuassem a utilizar a sua influência nos bastidores. A City ainda os apoiava, bem como o *chairman*, mas era fácil perceber que o negócio não ia bem.

No nosso momento mais fraco, a Great Universal Stores (GUS) fez uma oferta de aquisição do negócio. Sensivelmente na mesma altura, o CEO faleceu e o director financeiro reformou-se por motivos de saúde. Fui nomeado *chairman* interino. Recrutei Stuart Rose – que depois foi para a Arcadia, o grande grupo alimentar – como CEO para combater a oferta da GUS. Designámos a Schroders como nossa consultora e trabalhámos arduamente durante os três meses que estes assuntos demoram a resolver-se. No último dia, tínhamos 45 por cento dos votos, a GUS tinha também 45 por cento e a Schroders dez por cento. Pensámos que, com a Schroders do nosso lado, esta nos daria os votos, mas a sua equipa de gestão de activos, que detinha os dez por cento, decidiu que precisava de capital e posicionou-se do lado da GUS. Portanto, perdemos a batalha.

O que se aprende com tudo isto? Aprende-se que, quando se observa sinais de mudança numa equipa e o líder a perder a capacidade de a acompanhar por qualquer motivo, seja por doença ou outro, é preciso desencadear a mudança e estar preparado para ela. Este foi, sem dúvida, o caso da Argos. Foi um caso muito triste, porque todas as ideias e o planeamento do Dr. Mike Smith, enquanto CEO, foram brilhantes. Todas essas ideias, que estavam em estado embrionário, foram recuperadas e postas em prática pela GUS. Quando a GUS fez a aquisição há quatro ou cinco anos atrás, disse-se que pagaram um preço elevado pela Argos. Na verdade, conseguimos que pagassem mais do que inicialmente tinham pensado, mas desde então têm ganho cada vez mais força.

Fizeram um excelente trabalho, ao colocar em prática o que nós, enquanto conselho de administração, sabíamos ter de ser feito quando éramos uma organização independente. Se algo precisa de ser feito e é do interesse do negócio, é importante desencadear a mudança por muito desagradável que seja e por mais impacto que tenha nas pessoas. Na maioria das vezes, mais vale ser firme para que todos compreendam esta necessidade e a posição em que se encontram, do que ser brando e deixar uma situação negativa piorar.

A reter:

- Se a mudança for necessária e no interesse do negócio, é preciso agir por muito desagradável que possa parecer ou por muito impacto que tenha na equipa ou nos colegas.

- Na maior parte das vezes, mais vale ser firme de modo a que conheçam a sua posição, do que ser brando e deixar uma situação negativa piorar. Deve encorajar-se a comunicação aberta entre departamentos e tomar-se consciência dos problemas e riscos o mais rapidamente possível.

- Deve sempre ter preparados planos de contingência para se poder responder rápida e eficazmente a problemas que surjam, mudando de direcção.

LIÇÃO Nº 2

MUDAR HOJE, NÃO AMANHÃ
John Whybrow
Chairman da Wolseley

Os gestores adoram falar sobre gerir a mudança. Adoram pôr em prática a mudança nos outros, mas, como é óbvio, não a aplicam a si próprios. São sempre imunes a ela e pensam: "São os outros que devem mudar – eu estou bem!"

O que conduz a este tema da mudança? Bem, este é um mundo em mudança. As coisas mudam no exterior e não no interior. O meio ambiente começa a mudar. Enquanto esse meio ambiente se altera, nós, enquanto gestores e administradores, precisamos de mudar o nosso negócio para ir ao encontro dos nossos objectivos.

Pode ser que um país se torne uma referência numa área industrial, como aconteceu com os japoneses e a electrónica. A Sony, a Panasonic, a Matsuhita e a Pioneer são excelentes empresas de electrónica que conquistaram grande sucesso. Basicamente, fizeram com que a maioria das electrónicas norte-americanas ficassem fora do negócio: entraram em falência ou foram vendidas e compradas por empresas japonesas ou europeias.

Quando trabalhei na Philips, que era uma das empresas "debaixo de fogo", os nossos resultados tornaram-se progressivamente mais difíceis (esta é uma expressão de gestão que significa "ficar negativos"). No final da década de 1980 eram muito negativos; no início dos anos de 1990 eram péssimos. Houve, então, um incidente em que o aviso sobre resultados não foi feito quando deveria e o *president* perdeu o emprego.

De repente, a Philips apercebeu-se de que tinha de fazer alguma coisa. Não podia ignorar o que se estava a passar no mundo. Na Philips, pensava-se sempre que "as taxas de câmbio vão mudar" ou "somos a Philips, somos grandes. Somos a maior da Europa e uma das três maiores do mundo. Estamos a salvo, conseguimos lidar com este género de situações." Não conseguimos. Se nos tivéssemos apercebido destas questões cinco ou dez anos antes, não teríamos tido um problema tão difícil para resolver.

Cerca de 200 gestores de todo o mundo reuniram-se numa sala de conferências na Holanda e decidiram que teríamos de ser muito drásticos. Afastámos 30 por cento dos nossos colaboradores em todo o mundo. Traduzido em números, isto corresponde a cerca de 80 mil a 90 mil pessoas. Quando se aplica esta abordagem localmente rigorosa, os gestores dizem: "Não podem fazer isso; não podem afastar tantos. O negócio vai morrer. Não conseguimos sobreviver."

O que é engraçado é que os negócios não morreram. Todos sobreviveram e tornaram-se ainda melhores e mais fortes. Melhorámos substancialmente a produtividade, em circunstâncias nas quais se dizia: "Se afastarmos este número de pessoas, não conseguiremos fazer o nosso trabalho em condições." Os gestores de topo resistiram a essa mudança, porque se atrasaram a agir. Entretanto, houve quem resistisse, porque achou que era muito drástico e difícil para o negócio. Depois, quando forçámos mesmo a que acontecesse, ficaram admirados com a forma como o negócio funcionou tão bem na sequência dessas mudanças importantes.

A Philips foi uma de duas grandes empresas electrónicas da Europa que resistiram, a outra foi a Siemens. E continua a ser um negócio difícil. Mas ainda aí estão as duas por mérito próprio. Contudo, se tivéssemos feito essas mudanças mais cedo, não teria sido preciso "derramar tanto sangue" para chegar a uma situação positiva.

Como gestores e administradores, somos lentos a responder. Existe em nós uma dissonância cognitiva que nos leva à convicção de que não se está assim tão mal ou que se irá recuperar – que não precisamos de fazer nada agora, podemos esperar por amanhã. Não devemos esperar por amanhã. Devemos agir imediatamente.

A minha mensagem sobre a gestão da mudança é: se vir alguma coisa a acontecer, não se convença de que irá voltar para onde lhe interessa. O mundo não se vai ajustar à nossa medida; o mundo vai fazer o que quer. Temos de dar resposta hoje e não amanhã.

A reter:

- Deve sempre manter-se a par do que se passa no mundo mais alargado. Se conseguir ver os sinais de aviso de uma mudança iminente, poderá ser rápido a responder aos mesmos.

- Complacência e inacção são, na maior parte das vezes, más para o negócio. No entanto, a mudança é difícil e muitos irão resistir. Precisa de estar preparado para forçar iniciativas, caso necessário.

- Tem de vigiar constantemente os resultados, discuti-los a nível da administração e utilizá-los como estímulo para uma acção atempada.

LIÇÃO Nº 3

NÃO DEIXAR QUE A BUROCRACIA BLOQUEIE A MUDANÇA
LAURA TYSON
Antiga consultora económica nacional da Casa Branca

A resistência das organizações à mudança é um dos tópicos mais abordados nas aulas de Gestão. E muito do que tentamos estudar é o que torna as organizações mais ou menos flexíveis. Mesmo que as organizações tenham um compromisso para com a flexibilidade, os padrões de comportamento estão impregnados de hábitos e regras. A questão é: se for convidado para uma organização, especialmente para uma grande organização, e souber que esta é gerida com base em regras e burocracia, como poderá implementar uma mudança importante que acredita ser verdadeiramente essencial à longevidade da instituição?

Isto aconteceu comigo quando me abordaram para ser directora da [Hass School of Business] da Universidade da Califórnia, em Berkeley. Sabia o suficiente sobre esta instituição para perceber que era gerida com base em muita burocracia, porque, como professora, tinha lá trabalhado várias vezes. Também sabia que a organização necessitava de alguns programas novos, tanto por motivos de receitas, para gerar fontes de rendimento que suportassem a expansão, como por razões de reputação, de modo a apoiar mais eficazmente a comunidade empresarial e a construir a reputação da escola.

Portanto, sabia que novos programas eram essenciais. Também sabia que um determinado novo programa tinha vindo a ser estudado na organização durante, imagine-se, os últimos nove anos. Não tinha lá estado durante esse período, mas em Washington e a fazer outras coisas.

Quando estava a ser abordada para assumir a responsabilidade por esta organização, um dos aspectos que se tornou completamente claro para mim foi a necessidade de negociar, no meu contrato, a possibilidade de acabar com algumas dessas barreiras.

Uma das lições é que, se for desafiado a liderar uma organização, enquanto estiver a acordar os termos do seu próprio contrato deve compreender quais os aspectos a negociar que lhe permitem assumir essa liderança. E se tal significar quebrar algumas das regras tradicionais, deve incluí-lo no contrato. E foi o que fiz.

E como foi que o fiz? Isto conduz-nos ao segundo ponto sobre como é possível contornar a burocracia: a ideia de um processo experimental. Se as regras forem muito rígidas, poderá dizer: "Vamos tentar algo numa base experimental. Pode ser algo relativamente pequeno. Vamos pressupor que o vamos fazer por três anos e estabelecemos um processo de revisão. Todos sabem que no final dos três anos vamos avaliar este processo." Se acreditar verdadeiramente na mudança que está a fazer, está a apostar que a experiência irá ser um grande sucesso, que todos a vão aplaudir e que se tornará permanente.

Foi o que fiz. Defendi que teríamos de contornar as regras. Mas respeitaria as regras durante a experiência, desde que me fosse dada flexibilidade experimental. Por isso, um segundo ponto é: se não conseguir alterar as regras logo no início – fiz um pouco isso em alguns casos –, faça uma experiência. A propósito, esta experiência conduziu a programas em vigor até hoje e que são uma importante fonte de receitas para esta instituição que liderei.

Um terceiro factor é, simplesmente, a perseverança. Estou certa de que, provavelmente, não utilizamos essa palavra suficientemente em educação sobre Gestão, mas utilizamos muito a palavra *enfoque*. Acredito que o enfoque e a perseverança são diferentes formas de dizer o mesmo.

Os líderes têm de decidir quais são as suas prioridades. Se se diz isto, está correcto. Têm de se focalizar nas suas prioridades e não se deixar desviar; têm de persistir na crença de que essas prioridades são as correctas de modo a que, no final, qualquer coisa seja feita.

Por isso, quando afirmo que negociei o contrato, ganhei o direito de desenvolver algumas experiências. Na verdade, não foi apenas "e, assim, desenvolvemos estes programas." Houve muitos, muitos passos e isso foi a parte da perseverança – ir a reuniões e, quando se encontra um entrave, fazer um telefonema ao reitor da universidade a dizer: "Repare, isto é o que diz o meu contrato; esta é a experiência; alguém está a impedir-me. Preciso de avançar."

Portanto, perseverança, perseverança, perseverança. E se estiver certo, se estabelecer o objectivo correcto a atingir e o programa adequado para pôr em prática, a minha opinião é que a perseverança irá resultar no sucesso.

A reter:

- Mesmo as organizações comprometidas para com a flexibilidade têm padrões de comportamento de hábitos e de regras impregnados. Se estiver a considerar uma posição de liderança numa dessas organizações, deve ter o bom senso de negociar, no seu contrato, os aspectos de que precisa para levar a cabo as mudanças necessárias.

- Para contornar a burocracia, deve sugerir mudanças numa base experimental, certificando-se de que estabelece um período de teste. Estas experiências podem, mais tarde, tornar-se permanentes.

- Para conquistar os seus objectivos, deve permanecer focalizado, evitar a distracção e acreditar que definiu as prioridades correctas. O processo pode não ser fácil, mas tem de se manter decidido.

LIÇÃO Nº 4

A MUDANÇA É BOA
DAVID BRANDON
Chairman e CEO da Domino's Pizza

Cedo na vida, fui estudante e atleta na Universidade do Michigan, o que representou uma maravilhosa oportunidade para aprender as minhas primeiras lições no mundo da Gestão, pois tive óptimos treinadores. Joguei numa equipa de futebol que, em três anos, ganhou 30 jogos, perdeu um e empatou outro. Ganhámos o campeonato nos três anos, o que traduz o nível elevado de desempenho, os grandes treinadores e os excelentes jogadores. Não joguei muito nessa altura. Estava na equipa, tinha um enorme orgulho nisso, mas tive a oportunidade de observar bastante – às vezes mais do que queria – como os treinadores preparavam a equipa para vencer.

Um dos temas que me fascinava era uma situação, no mundo do futebol americano, que é provavelmente das mais difíceis de se lidar – aquilo a que chamamos *mudança repentina*. O que isto significava era que a defesa sairia de campo e estaria cansada; ia à procura de água e queria sentar-se e descansar. Mas antes de chegar ao banco os atacantes iam perder a bola ou fazer-lhes um cruzamento, ou alguma situação que fosse a mais negativa que pudesse imaginar acontecer à defesa. Significaria que esta teria de voltar de imediato para o local, sem qualquer descanso, e na maioria das vezes defender numa situação muito, muito negativa.

O que achava fascinante era que os treinadores eram capazes de prever que isto iria acontecer ao longo da época e preparavam a equipa nesse sentido. Nos treinos fazíamos exercícios simulados de mudança repentina. O que eles nos ensinaram a fazer quando esta situação desconfortável acontecia era gritar "Mudança repentina!" e todos nos juntaríamos em equipa, daríamos as mãos e aproveitaríamos isto como uma oportunidade. Por outras palavras, estávamos programados para acreditar que, quando esta situação muito negativa acontecesse, em vez de respondermos negativamente a ela a veríamos, na verdade, como uma oportunidade, ficaríamos entusiasmados e iríamos antecipá-la de uma forma que sabíamos que seria bem sucedida.

Posteriormente, resolvi que esta era uma grande lição que podia ser aplicada ao mundo dos negócios. Porque se as organizações perceberem que a mudança é benéfica, quando confrontada com ela – em particular quando a mudança representa um desafio – uma grande organização irá estar pronta, irá ser capaz de a antecipar e de a ver como uma oportunidade. Adoptei a minha própria versão de mudança repentina nos negócios e utilizo a expressão "A mudança é boa". Na minha organização, sempre que nos deparamos com algo que não foi antecipado, em particular algo com conotações negativas, olhamos uns para os outros e afirmamos: "A mudança é boa. Esta é uma oportunidade para reagirmos à mudança, torná-la positiva e dedicarmo-nos de uma forma que nos permita promover e alcançar algo importante."

Temos tendência a resistir à mudança porque esta, muitas vezes, cria problemas que requerem soluções e essas, por vezes, implicam muito trabalho extra. Por isso, se compreender que as pessoas irão enfrentar a mudança com ansiedade, e que algumas lhe irão resistir, entendo que a melhor forma de preparar uma organização é transformar o seu pensamento e colocá-las numa atitude mental que as faça querer abraçar a mudança.

Quando fui apresentado, no meu primeiro dia, como o CEO da Domino's Pizza, foi como se tivesse aparecido do nada. Não era alguém que tivesse feito parte da equipa. Era uma empresa com 38 anos e eu era o segundo CEO, o primeiro a seguir ao fundador e pioneiro que criou o negócio. Por isso, apareci por detrás do pano e havia centenas de pessoas que, educadamente, aplaudiam, mas a maior parte queria saber quem era este indivíduo e o que as esperava com esta nova geração de liderança.

Decidi que os meus comentários seriam muito, muito breves mas, que desejavelmente, marcaria o tom. O que disse ao grupo foi: " Se vocês são o tipo de pessoas e o género de organização que adora a mudança, que acredita que mudar é bom, que a mudança é entusiasmante e que abraçar a mudança é algo que querem fazer e tornar-se bons nisso, então vão adorar-me. Se são do tipo de pessoas que querem que as coisas sejam do modo como sempre foram e querem sentar-se por aí a recordar os bons velhos tempos, não sou a pessoa certa, porque, honestamente, estou aqui para criar melhores dias e isso vai exigir mudança."

A reter:

- Receamos a mudança porque esta representa um corte com os nossos hábitos de trabalho e muito trabalho extra. Deve reforçar-se que a mudança é boa e criar uma associação entre a oportunidade e o entusiasmo que encoraje os outros a abraçá-la e não a temê-la.

- Tem de ser firme e definir o tom desde o início. A mudança é boa e é parte da sua estratégia de liderança. A mudança pode ser uma rota para o sucesso. Tem de deixar claro que alguém que não goste de mudar terá de abraçar a ideia ou de reconsiderar as suas opções.

- Durante o período de mudança, deve concentrar-se nas relações públicas internas e continuar a comunicar as oportunidades positivas associadas ao projecto.

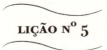

LIÇÃO Nº 5

A MUDANÇA RESULTA DE UMA COMUNICAÇÃO CONSISTENTE
Sir Nick Scheele
Antigo *president* e director de operações da Ford Motor Company

Quando fui para a Jaguar em 1992, um meu antecessor, John Egan, tinha iniciado diálogos regulares com todos os colaboradores, algo que fez durante muito tempo. O John foi depois para a BAA. Quando cheguei, pensei que o diálogo regular era uma coisa óptima a fazer. Por isso, assumi essa prática e duas vezes por ano passava uma semana – na realidade, por vezes eram oito ou nove dias – a falar com todos os colaboradores, em quatro ou cinco sessões diárias.

Era muito trabalho porque fazia tudo. Era uma sessão de comunicação de cerca de hora e meia seguida de um intervalo de meia hora enquanto as pessoas rodavam. Poderia interrogar-se "Mas por que não o fazia com todos ao mesmo tempo?" e a resposta seria que não tínhamos um auditório, um salão ou um espaço suficientemente grande onde coubessem todos – e certamente não podíamos suportar o aluguer de um auditório no exterior para onde levássemos toda a gente, porque implicaria uma despesa de que precisávamos para outras coisas.

Portanto, eu comunicava. Dizia exactamente onde a empresa se encontrava ao nível de previsões de lucro, vendas, qualidade, encomendas que estavam a dar entrada e o que poderia ou não ter que ver com a perspectiva de trabalho em pleno – porque, naquele momento, estávamos a trabalhar apenas cerca de três dias por semana e, em algumas semanas, não tínhamos nenhum dia de trabalho porque, simplesmente, não tínhamos encomendas. De facto, fiz isto durante os sete anos que passei na Jaguar.

Fi-lo duas vezes por ano, durante esses sete anos, e penso que foi bom ter começado a fazê-lo no meu primeiro mês na Jaguar, porque esse foi um período muito difícil. Foi o ano mais fraco da Jaguar em termos de vendas. Teríamos de fazer *layoffs**. Teríamos de tomar algumas decisões muito difíceis.

Os motivos para essas decisões não eram muito óbvios, mas tinham de ser incluídos no contexto do plano global e onde queríamos chegar, ao avançar. Também conversávamos acerca disto com os colaboradores, duas vezes por ano, e respondíamos a todas as questões por eles colocadas, para que pudessem perguntar: "Por que motivo é que não estamos a vender mais?" ou "Por que razão é que queremos fabricar este carro em vez de fabricar aquele?" ou "Porquê este motor e porquê fazê-lo ali e não em qualquer outro lado?"

E tínhamos de lhes dar as informações. Tínhamos de o fazer de uma forma consistente. Digamos que não era bom utilizar em Janeiro um conjunto de informação e em Julho voltar com um conjunto de informação completamente diferente. Tínhamos de ser consistentes se queríamos melhorar a nossa qualidade. Utilizávamos os resultados da JD Power** como motor para a qualidade – como a medida, se quiserem – de onde nos posicionávamos em qualidade.

---

* **N. T.** Suspensão temporária dos colaboradores, por falta de trabalho ou de possibilidade de pagamento.
** **N. T.** Empresa norte-americana de estudos de mercado, conhecida pelo seu importante trabalho na indústria automóvel.

Utilizávamos a penetração das vendas, a linha de lucro, a produtividade e as avaliações consistentes. Comunicar e ser consistente ao longo do tempo na forma de o fazer aumenta a confiança, porque as pessoas vêem as mesmas tabelas, os mesmos gráficos de barras, o mesmo conjunto de informação. Acompanham estes dados e apercebem-se de que não estamos a "fazer jogos". Se mudarem, questionam:"Por que é que mudaram? Havia aqui algum motivo desconhecido?"

Por isso, comunicar era muito importante. Acabou por tornar-se extremamente importante porque era, julgo eu, uma das plataformas-chave em que todos os colaboradores se podiam apoiar: sabiam que eram parte da resolução do problema maior que era como levar a Jaguar de volta ao lugar onde merecia estar. E sentiram-se, como ainda acredito até hoje, parte da solução – e uma parte significativa da solução – porque conheciam todos os factos. E, como conheciam todos os factos, tornaram-se muito mais envolvidos, muito mais pró--activos e com muito mais vontade de ver algo diferente a reflectir-se nos resultados e, claro está, nas vendas.

Eram sessões fascinantes. Normalmente apreciava-as apesar de serem muito cansativas, porque havia também o turno da noite para fazer. Não era só das nove às cinco. E eram gratificantes. Eram gratificantes porque podia ver-se a mudança e podia ver-se esta a começar a acontecer e, particularmente importante, podia ver-se a confiança das pessoas a começar a crescer. Elas eram capazes de resolver o problema. Iam resolvê-lo. Resolvemo-lo. E aconteceu.

Aprendi várias coisas nessas muitas, muitas sessões. Primeiro: ser completamente honesto; nunca tente enganar porque, se o fizer, irá responder a alguém de uma forma e não dizer a verdade exacta. Irá ocultar toda a verdade ou não fornecer a história completa e depois,

algures no futuro, alguém irá colocar-lhe uma questão muito semelhante e não vai lembrar-se do que respondeu na outra sessão. E
então, claro, a sua credibilidade vai por água abaixo e tudo o que fez
de bom até aí será completamente destruído. Por isso, seja completamente honesto.

Segundo: seja consistente. Não apareça com novos conjuntos de
números; seja muito consistente na forma como mostra as coisas.

E terceiro: quando comunica, não deixe parecer que detesta fazê-
-lo; tire satisfação disso porque está a trabalhar com pessoas – e, se
não confiam em si, se acreditam que pensa que é uma perda do seu
tempo, não o irão seguir. Só o seguirão se acreditarem em si e virem
que acredita neles.

A reter:

- Utilizar um conjunto de indicadores-chave de desempenho com-
binados com comunicação regular irá ajudá-lo a aumentar a confiança entre si e a sua equipa.

- A comunicação regular com a sua equipa pode oferecer uma
plataforma-chave para gerar apoio entre os seus colaboradores,
fazendo-os sentir-se parte da solução; aqueles que conhecem
todos os factos irão tornar-se muito mais envolvidos, pró-activos e
desejosos de ver algo de diferente nos resultados.

- A sua equipa não o irá seguir se não confiar em si ou se deixar parecer que acha que a comunicação é uma perda de tempo; só o seguirão se acreditarem em si e conseguirem ver que acredita neles.

LIÇÃO Nº 6

É PRECISO ADAPTAR-SE À MUDANÇA
WILLIAM HARRISON
Antigo *chairman* e CEO do JPMorgan Chase & Co.

Acredito que a capacidade de mudar é muito importante. Todos falam nisto e quando dou uma aula sobre liderança e começo a falar sobre o assunto, pode ver-se a audiência a pensar *"É claro* que temos de mudar".* Mas a verdade é que a mudança é difícil. Essencialmente, não gostamos de mudanças. Alguns são melhores a executá-la do que outros. E, portanto, a minha mensagem é: estamos num mundo em mudança. Esta não vai parar e, quanto melhor se adaptar e liderar na mudança, melhor será para si.

Como é que isso se planeia? Bem, planeia-se de uma forma muito simples. Como líder, tem de avançar. Tem dez colaboradores numa equipa e diz-lhes: "Muito bem, aqui está o desafio e é complicado." E, muito rapidamente, irá ouvir alguns dizer: "Por que é que temos de fazer isso outra vez? É difícil. Precisamos mesmo de o fazer? Estou farto de fazer isso." Ou algo muito semelhante.

Isto não é bom, porque esse colaborador começa a "sugar a energia" de todos. Compare isto com aquele que diz: "Sim, realmente é um projecto complicado mas vamos todos enfrentá-lo em conjunto, dar o nosso melhor e ver se o conseguimos resolver. Seja o que for, vamos lá resolvê-lo."

Então, quem é que vai querer na sua equipa? Se estiver a formar uma equipa, que tipo de perfis é que quer? Penso que é muito claro. Quer profissionais com uma atitude positiva, com a atitude de que "é possível", dispostos a ver a mudança como uma oportunidade e não como um problema ou uma ameaça. E, apesar de este ser um exemplo muito simples, as coisas passam-se de forma semelhante; o que quer fazer é afastar aqueles que não conseguem saltar para o barco e empurrá-lo para a frente, porque irão atrasá-lo.

Quando falo sobre a capacidade de mudar, penso em alguns exemplos interessantes que vão para além dos indivíduos. Tenho falado da importância dos indivíduos terem vontade ou serem capazes de mudar, mas falemos de dois exemplos, de um país e de uma empresa.

Vamos escolher o Japão. Em meados da década de 1980, o Japão era visto como a nova economia superpoderosa do mundo. Os EUA estavam a perder posição; não estavam a conseguir competir. O Japão parecia ser o vencedor. Nos finais da década de 1980, o Japão começou a sentir dificuldades e uma das razões pelas quais isso aconteceu foi que a globalização – a velocidade da globalização –, que tem tudo que ver com mudança, arrancou. Argumentaria que o sistema japonês não foi capaz de mudar tão depressa como precisava. Cerca de 12 ou 13 anos depois, os japoneses estão apenas a começar a recuperar algum do crescimento económico.

Mas este é um bom exemplo de cultura; era uma grande cultura: Japan, Inc. Fizeram muitas coisas maravilhosas, são um grande povo. Mas aquela cultura, como o sistema político funcionava e a forma como geriam as empresas em muitas situações impediu-os de mudarem suficientemente depressa num ambiente global em forte aceleração.

Outro exemplo pode ser a IBM. A IBM na década de 1970 e inícios de 1980 era talvez a maior empresa dos EUA – talvez do mundo – em termos de reputação, imagem e da forma como era gerida. Tinham uma cultura muito forte. Esta mesma cultura que os tornou uma grande empresa colocou-se no caminho da sua capacidade de mudar. Não achavam que precisassem de mudar; fazia parte da sua atitude mental pensar: "Nós somos mesmo bons." Mas a sua área de negócio mudou. E não foram capazes de mudar suficientemente rápido. Quase falharam. Lou Gerstner entrou e finalmente foi capaz de retirar vantagens dos pontos fortes da empresa e de mudar.

Portanto, vemos toda esta noção de mudança, de capacidade de mudança, a ser expressa a todo o momento em países, empresas e pessoas.

A reter:

- Quanto mais os indivíduos e as organizações estiverem preparados e capazes de se adaptar à mudança, maior a sua probabilidade de sucesso. Como indivíduo, cabe-lhe a si também estar preparado para a mudança.

- É importante saber identificar os elementos da equipa que vêem a mudança como uma força positiva e afastar aqueles que a percepcionam sob uma luz negativa. Pode fazer uso de energia positiva para levar os cépticos a juntarem-se a si.

- Tem de estar atento aos sinais de abrandamento. A incapacidade de andar depressa e a complacência que resulta da arrogância são apenas dois dos inibidores para se implementar a mudança com sucesso.

LIÇÃO Nº 7

MUDAR É SIMPLES
JAMES STRACHAN
Antigo *chairman* da Audit Commission do Reino Unido

Esta é uma lição que aprendi sobre como gerir a mudança. Era então consultor de uma grande empresa do Reino Unido e lembro-me de ter ficado pasmado quando o CEO me disse, de uma forma muito dogmática, que a mudança é valiosamente simples – o que, na realidade, não é o que a maioria defende.

Ele disse-me: "Tudo o que tem a fazer é determinar exactamente para onde quer ir e tem de ser capaz de pintar aquela 'terra prometida' em Technicolor.*"

"Em segundo lugar, tem de se questionar sobre se está rodeado dos indivíduos certos, em especial no topo; se assim não for, mude-os amanhã – literalmente, amanhã."

"Em terceiro lugar, delegue; mas faça-o sem na verdade se libertar de toda a responsabilidade. A responsabilidade mais importante ainda é sua – o jogo acaba em si –, mas delegue a sério de modo a permitir que todos dêem o melhor de si."

"Por último, enalteça bem alto o sucesso de todos."

---

* **N. T.** Marca registada de um sistema de coloração de filmes.

Pode parecer muito simplista para alguns, mas, na realidade, em tempos de muita pressão para mudar, em que se tenta que todos ultrapassem as barreiras e vão contra o desejo natural de manter as coisas como estão, o tipo de liderança simples, enérgica, confiante, com convicção, é puro ouro.

Quando os indivíduos olham para uma liderança dominante, é interessante como ficam muito preocupados com o comando e controlo do topo para a base, um conceito bastante pejorativo para muitos.

É perfeitamente possível ter uma liderança inspiradora no topo mas, através de uma boa gestão, passar mensagens em cascata por toda a organização sobre para onde queremos ir e como podemos lá chegar. A boa gestão inspira todos os níveis da organização, não é apenas o general do topo que faz um discurso emotivo do tipo Príncipe Hal* de tempos a tempos.

A lição sobre a mudança é, portanto, que em tempos de mudança existe muita turbulência, confusão, preocupação e ansiedade. Isto é tudo natural. Por isso, naturalmente gravitamos em direcção a uma liderança que tenta diminuir esta confusão e descrevê-la em termos simples sobre por que motivos está a acontecer, qual a "terra prometida" a que iremos chegar e por que é que esta agonia vale a pena. Em tempos de mudança, a simplicidade e a convicção são soberanas.

---

* **N. T.** Refere-se aos discursos deste príncipe na peça Henrique IV de William Shakespeare.

A reter:

- Existem quatro passos para uma mudança simples: um claro objectivo de direcção que é eficazmente comunicado; garantia de que as pessoas certas estão prontas; delegação para assegurar que os indivíduos estão correctamente envolvidos; e elogios contínuos aos sucessos.

- Se um projecto na sua organização implicar mudança, não pode demitir-se desse processo. Tem de definir uma linha temporal, planear a acção e comunicar as suas intenções correctamente a todos os envolvidos.

- Deve estar preparado para introduzir verificações regulares durante a acção – relatórios escritos ou reuniões – para garantir que todos estão plenamente envolvidos.

LIÇÃO Nº 8

TORNAR O RISCO CONFORTÁVEL
SHELLY LAZARUS
Chairman e CEO da Ogilvy and Mather Worldwide

Muito do que fazemos pelos clientes é novo, inovador e implica progresso. E quando se está nesta área de elevada criatividade e de inovação lida-se sempre com o risco, porque se tenta fazer coisas que nunca foram experimentadas. Muito do meu trabalho na liderança da agência consiste em tornar o risco confortável, defender ideias quando são muito novas e frágeis e, por serem isso mesmo, descobrir como fazer com que acreditem nelas suficientemente para que possam viver. E isto que parece fácil e banal é, provavelmente, a coisa mais difícil que fazemos.

Acontece assim: alguém tem uma ideia "maluca" e apresenta-a para ver como os outros reagem. Não se pode ser muito crítico no início, porque é preciso dar-lhe algum apoio e espaço para respirar. Tem de se deixá-la viver e ver até onde ela vai.

A campanha da IBM foi uma das maiores viagens criativas da minha vida. Começou com um criativo de 26 anos, que só estava no negócio há cerca de dois, e que se encontrava no nosso escritório de Los Angeles. Tinha a ideia realmente engraçada de fazer anúncios de televisão em línguas diferentes, mas não nas mais comuns. Começou com um anúncio em checo, que incluía legendas, como uma forma de dizer que a tecnologia é universal e que as soluções que a tecnologia sugere unem o mundo e estão presentes em toda a parte. Começava com uma história que mostrava freiras num convento que vinham na sua direcção a falar em checo. Estavam a conversar acerca do novo programa de *software* que estava prestes a ser apresentado pela IBM. E havia partes engraçadas relacionadas com o negócio como o *pager* de uma das freiras a deixar de funcionar.

Tinha todos estes ingredientes. E, acima de tudo, envolvia a igreja, o clero. Estava a caminho de um cliente em Westchester com um argumento em checo e com legendas. E tinha de ser muito corajosa – tinha de acreditar que era uma ideia que podia avançar. Por isso, levámo-la mais longe. Fomos ter com os *cowboys* na Argentina, a cavalo nas pampas, e pusemo-los a conversar sobre computadores pessoais. E com dois franceses idosos que passeavam à beira do Sena a falar sobre servidores. Na verdade, antes de visitarmos o cliente, tivemos de desenvolver um grau de convicção de que esta era uma grande ideia, uma ideia importante e abrangente que poderia passar em qualquer parte do mundo e colocar a IBM, que estava a sofrer na altura – nesse momento não era uma marca forte –, numa nova posição no mundo.

Fomos lá e fizemos a primeira apresentação. E comecei a pensar: "Não sei como isto está a correr. Não sei em que é que isto vai resultar." No final, fez-se um silêncio. Os clientes fizeram muitas perguntas. Eram Abby Kohnstamm e Lou Gerstner, apenas os dois. E, no final, afirmaram: "Isto está brilhante. Está fantástico. Adoramos e vamos avançar." O que acredito ser mais corajoso do que termos-lhes levado a proposta. E, como se diz, o resto é história.

Mas era tão fácil esta ideia morrer em tantos momentos até chegar a aprovação que tínhamos de acreditar nela. Tínhamos de a apoiar e defender até ao ponto em que esta conseguisse viver.

Para mim, isto não acontece apenas no mundo da publicidade, mas em tudo. Em todos os negócios, metade das ideias não vão funcionar – apenas menos de metade funcionarão na realidade. Portanto, se tiver duas grandes ideias tem de ter dez experiências sempre a decorrer, porque apenas duas irão resultar e é isto que é divertido. É possível experimentar; é permitido tentar fazer coisas e errar de vez em quando. E isto tem de ser institucionalizado. Tem de lidar bem com o facto de poder errar.

A reter:

- Se for um colaborador criativo ou o líder de um deles, tem de aprender a tornar o risco mais confortável.

- Tem de deixar as ideias respirar e dar-lhes uma oportunidade para crescerem em vez de criticar e esmagar a criatividade. A criatividade pode ser uma matéria-prima frágil.

- Porque menos de metade das ideias serão postas em prática, é fundamental para si transmitir à equipa e aos colegas que não faz mal cometer erros. Tem de estar preparado para defender as ideias deles.

LIÇÃO Nº 9

LIDAR COM A OPOSIÇÃO À MUDANÇA DE CULTURA
JOHN ROBERTS
Antigo CEO da United Utilities

Nem todos percebem de imediato os benefícios de uma mudança de cultura que estimule o desempenho, porque nem todos querem mudar.

Segundo a minha experiência, aqueles que têm maior probabilidade de resistir são os que se encontram em lugares de gestão juniores ou intermédios – que têm algum grau de antiguidade, estatuto e retribuição – e, de um momento para o outro, alguém quer alterar as coisas. Aqueles que estão no topo da organização conseguem, provavelmente, ver o "quadro completo" e perceber os motivos. Os que estão no meio interrogam-se: "O que há aqui que me interesse? Porque devo mudar? Tenho tido sucesso com o sistema existente e não quero trocar isso para mudar para outra coisa na qual talvez não tenha tanto sucesso."

Essa é uma das maiores dificuldades que terá de ultrapassar; há como que uma zona de terreno gelado dentro da organização. Tem de enfrentar este problema, antes do mais, explicando de forma clara a todos, em particular àqueles com maior probabilidade de resistência, por que razão está a fazer o que está a fazer, que não se trata de uma ameaça e como a mudança os irá beneficiar.

Convença-os a seguirem a viagem consigo porque vão existir melhorias; não têm de se sentir ameaçados. Refiro que em média, em qualquer organização, cerca de 15 por cento dos indivíduos estarão do lado da gestão em tudo o que esta fizer. Cerca de 15 por cento não gosta da gestão e irá resistir-lhe no que quer que esta faça. Está, na verdade, a jogar com os restantes 70 por cento.

Convença-os e, juntamente com os outros 15 por cento, cerca de 85 por cento dos indivíduos estarão do seu lado. Tem de ser realista com o equilíbrio e os objectivos. Haverá sempre alguns que, independentemente do que faça, não querem saber e não querem mudar. Em último caso, com a melhor das vontades do mundo, o que tem de dizer é: "Olhem, nós estamos todos a seguir esta direcção; se não querem acompanhar-nos, tudo bem – seria melhor irem para outro lado, porque é este o tipo de organização em que nos vamos tornar."

Pela minha experiência, esta é uma porção muito, muito pequena; mas quando já tentou tudo e os colaboradores simplesmente não se colocam do seu lado, tem de ter uma atitude decidida. De outro modo, começará a enfraquecer o que está a levar a cabo com a maioria, o que pode constituir um entrave ao desempenho, algo que não vai querer.

A reter:

- Se pretende levar a cabo uma mudança de cultura, precisa de estar preparado para explicar por que esta é necessária na sua organização. Precisará de convencer a equipa a ver os benefícios da mudança e de agir, de forma decidida, com aqueles que continuam a resistir.

- Quando explica à equipa a sua ideia de mudança de cultura, deve realizar uma sessão de perguntas e respostas para que todos possam colocar as suas questões. Isto é sempre preferível a uma "fábrica" de boatos a fazer horas extraordinárias.

LIÇÃO Nº 10

REINVENTAR UMA ORGANIZAÇÃO
MAURICE LÉVY
Chairman e CEO do Grupo Publicis

Um dos problemas com que nos deparamos enquanto agência de publicidade é o facto de não só termos de fornecer o melhor serviço possível ao cliente, utilizar sempre as melhores ferramentas disponíveis e criar alguns dos melhores programas, mas – como a vida não é fácil – também termos de lidar com algumas das limitações do nosso negócio.

Assim, quando existe uma recessão, temos de ter a certeza de que conseguimos estar à altura; e quando há uma melhoria, de que não temos um grande aumento dos nossos custos.

A melhor forma de o conseguirmos é reinventarmo-nos constantemente. Em 1992, houve uma recessão muito grave em França. A maioria – e quando digo a maioria quero dizer a totalidade – dos nossos concorrentes aplicou um *layoff* a cerca de 20 por cento dos colaboradores. Foi muito: 20 ou 25 por cento. Algumas empresas ou agências aplicaram-no a muito mais – 300 pessoas, o que é muitíssimo para uma agência de publicidade, talvez 40 por cento da equipa.

Nós pensámos: "Estes indivíduos não são responsáveis pela crise; criaram a nossa riqueza e colocá-los em *layoff* só porque existe uma recessão parece injusto". Por isso, tentámos criar alguma coisa.

Criámos o que chamámos "a revolução económica". Era uma comissão que se reunia todos os fins de tarde, durante um mês, na qual todos os colaboradores da agência se encontravam para tentar descobrir soluções. Entretanto, surgiu-nos uma ideia: um referendo a perguntar se todos estavam dispostos a reduzir o seu salário, a começar no CEO, de modo a evitar os *layoffs*.

Funcionou. Não só funcionou, como passado *um* ano fomos capazes de voltar aos salários iniciais, tendo nós pensado que seria necessário um corte salarial durante dois anos. Assim, pode ver-se que ao ser-se inovador no modo como se gere e altera a estrutura, como se gere os colaboradores, se pode encontrar a fonte para mais energia e mais talento e criar uma cultura que é partilhada pela equipa. Todos se sentem bem na empresa, com a forma como nos preocupamos e, obviamente, trabalham muito mais. No final, saímos vencedores.

Por isso, nunca torne uma organização imutável, nunca pense que ela é eterna. Crie sempre alguma flexibilidade na organização e assegure-se que pode sempre mexer nas fronteiras – de um departamento para outro, de uma organização para outra – muito rapidamente. Seja rápido a criar a oportunidade de se reinventar.

A reter:

- Manter uma organização flexível na sua gestão e estrutura é a melhor forma de assegurar a estabilidade a longo prazo. Tem de estar preparado para fazer a sua parte.

- Deve aplicar os seus recursos criativos quando implementar a mudança. Pensar de forma criativa acerca dos problemas leva, frequentemente, a resultados *win/win*, em que ambas as partes saem vencedoras.

- Deve estar preparado para lidar com qualquer coisa – desde possíveis *layoffs* a ofertas de aquisição hostis. A reinvenção pode ser um processo difícil.

LIÇÃO N° II

REPOSICIONAR UMA ORGANIZAÇÃO
Stephen Tindale
Administrador Executivo da Greenpeace no Reino Unido

Tem havido um debate aceso na Greenpeace em todo o mundo sobre até que ponto nos devemos afastar dos nossos temas tradicionais para novas agendas e soluções. Alguns estão preocupados por acharem que vamos perder a nossa faceta radical e a nossa ênfase no confronto – confronto criativo, como lhe chamamos, de modo a criar espaço para que ocorram novos debates.

A minha resposta a isso, e aos administradores de outros escritórios da Greenpeace pelo mundo, é que se trata de uma falsa dicotomia: não é preciso fazer essa escolha. Claro que, para avançar para soluções que funcionem, precisamos de colocar muito mais ênfase no lado positivo. Mas há muitas coisas que precisamos de propor e, frequentemente, precisamos de as propor nas formas muito clássicas da Greenpeace – por exemplo, sair para alto-mar e impedir que certas coisas aconteçam. A questão é olhar para o conjunto de acções que estamos a levar a cabo e dizer: "Ainda vamos ser a Greenpeace que todos conhecem e de que alguns gostam, mas vamos também fazer coisas que a Greenpeace na década de 70 não teria feito."

Assim que assumi funções na Greenpeace, estava desejoso de colocar mais ênfase no lado das soluções. De facto, um dos objectivos que defendi publicamente foi que, depois do meu mandato, todos soubessem sobre o que é que a Greenpeace era a favor, tal como o que era contra. Sabia que era algo muito difícil de se fazer, mas não sabia até que ponto o era até passar um dia no espectáculo aéreo de Lowestoft, há alguns Verões atrás.

Era um dia muito quente e tínhamos um *stand* móvel sobre parques eólicos marítimos e a capacidade de a East Anglia* produzir, desta forma, um quarto da electricidade do Reino Unido e criar, em simultâneo, 60 mil postos de trabalho. Pensámos que seria uma boa mensagem que nos permitiria dizer às pessoas que não precisamos de uma nova geração de estações nucleares na East Anglia, algo com o qual estavam a ser ameaçadas.

Os visitantes viram o logótipo da Greenpeace, que é obviamente bastante conhecido, e muitos vieram ter connosco. Mostravam-se satisfeitos por conversarem connosco, mas a maioria estava muito surpreendida por estarmos a falar a favor de parques eólicos marítimos, aliás, a favor de qualquer coisa. Foi o que nos disseram. Contaram-nos: "Não sabíamos que falavam destas coisas. Pensávamos que eram apenas um grupo antinuclear e contra a pesca das baleias." A sensação que tive foi de que precisávamos mesmo de fazer mais para desenvolver programas positivos, porque é nisso que acreditamos, mas também porque é isso que as pessoas querem ouvir.

No essencial tivemos de nos recriar. E estamos a recriar a forma como comunicamos com os nossos apoiantes e com a comunicação social, de forma a que coloquemos ainda mais ênfase naquilo em que somos a favor – se preferirem, a mensagem principal é que é esta a solução, é isto que queremos que as pessoas façam. A mensagem ambiental geralmente sobre o estado do mundo, sobre as ameaças que este enfrenta, tem percorrido um longo caminho nos 30 anos que decorreram desde a fundação da Greenpeace. Todos estão muito mais

---

* **N. T.** Uma região da Inglaterra.

conscientes dos assuntos, particularmente o das alterações climáticas, o que significa que, dados os padrões de alteração do tempo e os avisos repetidos dos cientistas, apreenderam a mensagem e que existe uma preocupação generalizada. E agora querem saber: "Muito bem, já percebemos isso. O que podemos fazer? Vamos continuar."

Esta é uma tremenda oportunidade para a Greenpeace. E, se agirmos correctamente, podemos ser vistos como a ponte entre aqueles que estão preocupados e querem agir para melhorar o estado das coisas e as soluções disponíveis. É muito estimulante para nós como organização trabalhar nas soluções. E durante os próximos três ou quatro anos, a intenção é realizar muito mais com o nosso trabalho de encontrar soluções do que com as campanhas contra alguma coisa.

A reter:

- Por vezes as organizações têm dificuldade em avançar dos seus temas tradicionais para novas agendas e soluções. Deve lembrar-se que se receia que não seja possível manter a estrutura sobre a qual a organização foi construída.

- Pode apresentar uma nova agenda da mesma forma que uma antiga, conservando, assim, a identidade da sua organização. Enquanto recria uma organização, tem de ter a certeza de comunicar tudo à equipa, apoiantes, clientes e, se necessário, à comunicação social.

- Enquanto uma organização cresce, crescem também os seus membros e clientes. Não se pode esquecer de os ouvir. Criar novas agendas e soluções pode dar origem a oportunidades extraordinárias.

LIÇÃO Nº 12

SABER QUANDO DEVE ABANDONAR O JOGO
MEL LAGOMASINO
CEO da Asset Management Advisors, uma afiliada do SunTrust Banks, Inc.

Acho que esta é a lição mais difícil. Depois de se ter dedicado a uma empresa e a uma carreira toda a vida e de ter conquistado o successo – como eu tive a sorte de me acontecer – deve ser capaz de dizer: "Chegámos a um ponto em que tenho de me retirar." Esta é a altura em que tem de saber quando deve abandonar "o jogo". Tinha estado no [JPMorgan Private Bank] durante 23 anos, onde tive o privilégio de chegar até onde queria, de ser capaz de gerir o banco privado, talvez para a empresa mais prestigiada do mundo.

Estávamos a caminho de outra fusão, outra integração de bancos privados. Já tinha concretizado umas cinco ou seis todas muito difíceis de implementar. E comecei a aperceber-me de que a cultura da empresa com que nos íamos fundir desta vez era muito diferente da cultura com que tinha crescido. Não estava em causa ser melhor ou pior; seria apenas diferente. Seria diferente na forma como lidávamos com os clientes e com os colaboradores.

E apercebi-me de que existe uma altura em que temos de dar um passo atrás e perguntar: "O que é de facto importante para mim e o que me torna feliz a trabalhar nesta função? Com a mudança que vem aí, é isto que realmente quero fazer nos próximos X anos?" E apercebi-me de que, culturalmente, o que iríamos fazer era tão diferente que ia ter de tomar uma decisão muito difícil. Decidi pôr as cartas na mesa. Decidi, no topo do meu jogo, retirar-me – talvez do banco privado mais prestigiado do mundo – e não voltei a olhar para trás.

Para mim, a grande lição é que, por maior que seja o título, por maior que seja a empresa, por mais tempo que tenha lá passado, ou por mais que tenha desfrutado do percurso, existem alturas na vida – em especial alturas de mudança de cultura – em que precisamos de dar um passo atrás, reavaliar e perguntar: "É isto que quero fazer nos próximos X anos, encaixo-me nesta cultura?" E apercebermo-nos de que, mesmo que seja aparentemente a mesma empresa – pode ter o mesmo nome que antes –, a cultura pode já não ser a mesma. É tempo de nos retirarmos e de recomeçar.

Acredito que, quando os nossos valores e a forma como gostamos de trabalhar estão em sintonia com os valores e a cultura da organização na qual trabalhamos, temos uma probabilidade muito elevada de sucesso porque, de certa maneira, estamos a nadar no nosso próprio elemento. Se, de facto, existe uma diferença – e sublinho que não está em causa ser melhor ou pior, ou bom ou mau –, precisamos mesmo de dar um passo atrás e de nos interrogarmos: "O que significa isto realmente, será que quero acabar com isto? É altura de abandonar o jogo, de avançar e de me reinventar?" Foi isso que fiz.

A reter:

- Um dos desafios mais difíceis de enfrentar na carreira é saber quando deve retirar-se de uma função. Quando a empresa passa por um choque cultural, temos de reavaliar onde estamos e questionarmo-nos se devemos ou não procurar uma mudança.

- Quando os valores pessoais e a forma como gosta de trabalhar são coincidentes com o que faz, existe uma probabilidade elevada de sucesso. Quando os valores pessoais e a forma como gosta de trabalhar não encaixam, é altura de reavaliar e definir se é altura de mudar. Tem de se interrogar onde se encaixa naquele contexto.

- Enquanto colaborador, deve fazer uma lista de três problemas que podem ocorrer quando um líder se mantém numa posição tempo de mais. Guarde uma cópia da lista e olhe para ela todos os anos, de modo a não se esquecer de reavaliar se se encaixa no negócio.

LIÇÃO Nº 13

VIGIAR O AMBIENTE DO SEU NEGÓCIO E ANTECIPAR A MUDANÇA
PAUL SKINNER
Chairman da Rio Tinto

É importante que qualquer organização mantenha um nível adequado de focalização externa, através da exploração contínua do ambiente de negócios, antevendo mudanças que possam acontecer e estando preparada para lhes dar resposta através de planos bem desenvolvidos e que sejam correctamente executados.

Lembro-me – e volto muito atrás no tempo para meados da década de 1980 – quando era responsável pela gestão do negócio da Shell na Nova Zelândia. Nesta altura, o país estava a reestruturar-se e a passar por uma mudança económica determinante.

Durante muitos anos, a Nova Zelândia tinha sido uma economia altamente regulada e protegida por leis, muitas regras internas e regulamentações e subsídios. O país estava a contrair montantes significativos de dívida externa e tinha chegado a um ponto em que tudo isto se estava a tornar insustentável.

Quando um novo governo chegou ao poder, decidiu que iria lançar um programa de desregulamentação da economia e de mudança. Isto conduziu ao rápido desmantelamento de todos estes controlos e alterou de forma significativa o mundo dos negócios para várias indústrias naquele país.

58   Gerir a Mudança

Trabalhava nesta altura na Nova Zelândia no negócio da refinação de petróleo e do *marketing* que, tal como muitas outras indústrias, era altamente regulamentado. Existiam taxas de receitas e margens em diferentes fases do negócio. Como um grande interveniente, não nos era permitido, por exemplo, postos de venda de retalho e estávamos a agir num contexto rigorosamente definido, o que era muito limitador.

Ao desenvolver-se, a desregulamentação fez desaparecer tudo isto rapidamente. Foi-nos permitido ter postos de venda de retalho, podíamos definir os nossos preços, investir onde queríamos e moldar a nossa rede de retalho em conformidade.

Há muito tempo que pensávamos nisto na Shell. Tínhamos consultado pensamentos e opiniões dos diferentes partidos políticos do país acerca da nossa indústria e estávamos constantemente a pensar num cenário com base na mudança que poderia ocorrer.

Consequentemente, tínhamos um plano de contingência para algum dia lidar com a desregulamentação da nossa indústria bem antes de as mudanças acontecerem. Assim que os ventos políticos começaram a mudar de direcção, pudemos activar esse plano e reforçar, de forma significativa, a nossa posição no mercado. Isto resultou do lançamento e execução muito rápida do nosso plano de desregulamentação, para o qual tínhamos já acordado o nível de financiamento adequado com os nossos accionistas na Europa.

Fomos capazes de nos mover muito mais depressa do que a maioria dos nossos concorrentes quando estas mudanças surgiram. A lição mais importante que retiro de tudo isto é que devemos vigiar o ambiente de negócios no qual operamos, estar prontos para reinventar o nosso negócio quando as oportunidades surgirem e estar preparados para executar bem o nosso plano. Julgo que fomos capazes de o fazer, mas estava realmente dependente de uma reavaliação constante de como o ambiente do nosso negócio poderia mudar.

A reter:

- Tem de tentar estar sempre preparado para a mudança, pronto para reinventar o seu negócio assim que a oportunidade surgir e para o executar bem. Mesmo que a mudança não esteja no horizonte mais próximo, tem de ter sempre um plano de contingência.

- Se a sua indústria estiver dependente dos mercados internacionais, deve vigiar as mudanças nas condições económicas e futuros mercados em crescimento. Quando possível, deve tentar recolher informação sobre os seus concorrentes.

LIÇÃO Nº 14

MUDAR UMA CULTURA PARA CRIAR UM NOVO MERCADO
John Abele
Co-fundador da Boston Scientific

Esta lição é sobre algo que não me apercebi que seria uma lição até pouco depois de ter acontecido. Tínhamos desenvolvido um produto chamado cateter dirigível e uma das suas aplicações desenvolvidas no início da década de 1990 era uma técnica para remoção não cirúrgica de pedras na vesícula. Um outro médico no Reino Unido, com quem o nosso agente tinha estado a trabalhar, tinha desenvolvido uma técnica diferente: utilizara um endoscópio para fazer a mesma coisa. O nosso era guiado por raios X; o dele por fibra óptica no tubo. Decidimos que seria interessante comparar estas duas técnicas e os médicos tiveram uma ideia: Porque não fazemos uma competição?

Estávamos em 1975 e esta competição teve lugar no Middlesex Hospital em Londres. O concurso terminou com um empate, porque a técnica endoscópica era uma descoberta engenhosa e fascinante que a assistência apreciou; mas a técnica radiológica era simples e podia ser aplicada por qualquer pessoa, porque as competências para o fazer eram facilmente adquiridas. Era uma importante técnica educacional.

Essa experiência, como se veio a verificar, não influenciou de imediato o mercado, mas, passados alguns anos, outros começaram a copiar essa técnica e disseram: "Ao utilizarmos esta técnica, podemos ensinar muito mais depressa do que antes era possível."

E não só: "Como este curso não é patrocinado por uma instituição estabelecida – um centro académico ou uma sociedade profissional – não temos de nos preocupar em sermos politicamente correctos e influenciarmos as pessoas. Vamos ter um curso onde haverá uma demonstração ao vivo a que todos podem assistir e haverá um painel de peritos a comentar continuamente. Além disso, todos na assistência têm ao seu dispor um pequeno teclado." E às vezes esta assistência atingia dez mil médicos e, portanto, era uma coisa em grande.

Assim, todos na assistência observariam um procedimento a ser posto em prática. Além de poderem ver o doente e o médico, também poderiam ver o interior, porque teriam raios X ou imagens endoscópicas. Poderiam ler publicações recentes sobre a técnica, ensaios clínicos – tanto a favor como contra, por isso haveria uma representação equilibrada das opiniões – e depois ouviriam os peritos a discuti-la.

Isto permite uma revisão pelos pares em tempo real. Para além da revisão pelos pares dos peritos, há uma revisão por todos os colegas, que respondem a questões em paralelo com a apresentação. As questões são colocadas em silêncio no ecrã; carrega-se num botão para responder, tal como em alguns programas de televisão, e a resposta aparece. Pode responder-se anonimamente – ninguém saberá como votou, mas saberá, ao mesmo tempo, como os seus colegas pensavam. Porque isto é contínuo, e todos estão a aprender, poderá ver como as ideias estão a mudar.

O que torna isto uma lição interessante – pelo menos para mim – é o facto de que, na Boston Scientific, estávamos constantemente a introduzir tecnologia muito disruptiva. Com disruptiva não quero dizer simplesmente nova. Disruptiva significa que novas competências têm de ser adquiridas; por vezes, vai ter de mudar os intervenientes e, se o fizer, vai precisar de uma nova infra-estrutura. A economia é diferente, assim como os caminhos dentro e fora do sistema. Isto é uma grande ameaça para o que já está estabelecido, onde a resposta normal seria "vamos escrever acerca deles" e "mostre-me os seus resultados a 20 anos", que é exactamente o que foi feito. Mas isto foi um exemplo em que os médicos começaram, eles próprios, a votar. Disseram: "Quero frequentar este curso independente, porque quero aprender mais e julgo que confio mais nesta informação do que na dos cursos disponibilizados pela minha associação profissional."

Para nós, arruinou o enquadramento temporal para o desenvolvimento destas novas tecnologias, porque não aparecem perfeitamente formadas no mercado; entram para o mercado e depois evoluem e alteram-se. Este curso de demonstração médica ao vivo permitiu-nos aprender mais enquanto técnicos e não só como empresas. Não só nos permitiu compreender os aspectos técnicos, mas também os sociais, económicos e políticos essenciais se quiser mudar a cultura e criar um novo mercado.

A reter:

- Tem de se lembrar que desafiar o *statu quo* é ameaçador para a ordem estabelecida.

- Se vai mudar a cultura e criar um novo mercado, precisa de compreender as implicações sociais, económicas e políticas, bem como os aspectos técnicos da sua indústria.

- Tem de estar preparado para a mudança. Tecnologias disruptivas podem significar que tem de desenvolver novas competências, mudar os intervenientes ou necessitar de uma nova infra-estrutura.

SOBRE OS PARTICIPANTES

John Abele é co-fundador da Boston Scientific, que desenvolve, produz e comercializa instrumentos médicos em todo o mundo.

A história da Boston Scientific começou no fim da década de 1960, quando Abele adquiriu uma participação na Medi-tech, Inc, uma empresa de investigação e desenvolvimento concentrada em desenvolver alternativas à cirurgia tradicional.

Em 1979, Abele fez uma parceria com Pete Nicholas para comprar a Medi-tech e juntos criaram a Boston Scientific Corporation. Desde a sua oferta pública de venda em 1992, a Boston Scientific tem conduzido uma estratégia de aquisições agressiva, montando as linhas de negócio que lhe permitem continuar como líder na indústria médica.

Peter Birch é o antigo *chairman* do Land Securities Group e o actual administrador sénior independente do Trinity Mirror.

De 1958 a 1965, Birch trabalhou para a Nestlé no Reino Unido, na Suíça, em Singapura e na Malásia. Entre 1965 e 1984, teve vários cargos na Gilette Industries, o grupo de bens de consumo. Foi director executivo da Gilette UK Ltd. e director-geral do grupo para a África, o Médio Oriente e a Europa de Leste.

Passou os 14 anos seguintes como CEO do Abbey National, período em que dirigiu a transição bem sucedida de sociedade de crédito imobiliário para banco.

Peter Birch foi *chairman* do Land Securities Group, o fornecedor de alojamento comercial e de propriedades imobiliárias, e também do Kensington Group, a organização de produtos financeiros. Deixou as funções em Dezembro de 2006.

David Brandon é *chairman* e CEO da Domino's Pizza.

Brandon iniciou a sua carreira na Procter & Gamble, onde trabalhou em gestão de vendas. Em 1979, após terminar o contrato na Procter & Gamble, foi para a Valassis Communications, Inc., empresa no ramo da promoção de vendas e da indústria de cupões. Tornou-se *president* e CEO em 1989, posição que manteve até 1998, e assumiu também o papel de *chairman* nos últimos dois anos.

Posteriormente, Brandon foi para a Domino's Pizza, onde é, desde Março de 1999, *chairman* e CEO.

William Harrison reformou-se de *chairman*, administrador e CEO do JPMorgan Chase & Co. em Dezembro de 2006. Harrison ocupava esta posição desde 2001.

De Janeiro de 2001 até à altura referida foi *president* e CEO. Antes da fusão com a JPMorgan & Co. Incorporated, Harrison tinha sido *chairman* e CEO da Chase Manhattan Corporation, posição que assumiu em Janeiro de 2000.

Tinha tido as mesmas responsabilidades no Chemical Bank antes da sua fusão com o Chase em 1996. Mudou-se para Londres, em 1978, para assumir o negócio do banco no Reino Unido e, em 1982, foi promovido a director da divisão da Europa. Harrison voltou aos EUA em 1983 para dirigir a divisão norte-americana da empresa e, três anos mais tarde, ficou a dirigir a área da banca e de *corporate finance* do grupo global do banco.

Harrison é actualmente *vice chairman* do Chemical Bank e administrador da Merck & Co.

Mel Lagomasino é CEO da Asset Management Advisors, um escritório multifamiliar que fornece aconselhamento independente a famílias com muitas posses. A Asset Management Advisors é uma empresa afiliada do SunTrust Banks, Inc.

Antes de juntar-se à AMA em Novembro de 2005, foi *chairman* e CEO do JPMorgan Private Bank, um dos maiores fornecedores de serviços de gestão de fortunas de todo o mundo, com mais de 300 milhares de milhões de dólares em activos de clientes e receitas acima de 1,5 milhares de milhões de dólares.

A carreira de Lagomasino no JPMorgan Chase começou quando se juntou ao Chase Manhattan Independent Private Bank em 1983 como *vice president* e líder de equipa para a América Latina. Em 1989, foi nomeada directora do Private Bank para a área do hemisfério ocidental. Tornou-se dirigente executiva global do banco em 1997, encarregada do negócio de *private banking* do Chase em todo o mundo. Antes de ir para o Chase foi *vice president* no Citibank e, anteriormente, trabalhara nas Nações Unidas.

Lagomasino é actualmente administradora da Avon Products, Inc. e foi administradora da Coca-Cola.

Shelly Lazarus é *chairman* e CEO da Ogilvy & Mather Worldwide.

Lazarus está na rede da agência há mais de três décadas. Depois de ascender pelas diferentes posições da gestão de contas e de ter um papel de importância fulcral em muitas das contas-chave da Ogilvy & Mather – incluindo a American Express, a Kraft e a Unilever –, deixou a agência geral para se tornar directora-geral da Ogilvy & Mather Direct nos EUA.

O seu sucesso levou-a a posições de responsabilidade acrescida, de *president* da Ogilvy & Mather Advertising em Nova Iorque em 1991 a *president* da Ogilvy & Mather North America três anos mais tarde. Apenas um ano depois, tornou-se COO* e *president* da Ogilvy & Mather WorldWide. Foi nomeada CEO em 1996 e tornou-se *chairman* em 1997.

---

* **N. T.** *Chief Operating Officer* é o responsável máximo pelas áreas operacionais de uma empresa.

Maurice Lévy é *chairman* e CEO do Grupo Publicis.

Lévy juntou-se à Publicis, uma das maiores empresas de todo o mundo a oferecer serviços de publicidade e de *media*, em 1971. Foi--lhe atribuída a responsabilidade pelo processamento de dados e sistemas de tecnologias de informação.

Porém, subiu rapidamente na organização e foi nomeado *corporate secretary* em 1973, director-geral em 1976 e *chairman* e CEO do Publicis Conseil em 1981.

Tornou-se *vice chairman* do Grupo Publicis em 1986 e *vice chairman* do conselho de administração em 1988.

John Roberts reformou-se recentemente de CEO da United Utilities.

Roberts licenciou-se na Universidade de Liverpool e juntou-se à Manweb. Depois de ter subido na empresa, tornou-se director financeiro em 1984 e director-geral em 1991. Foi nomeado CEO um ano mais tarde.

Posteriormente tornou-se CEO da South Wales Electricity, estando no seu comando durante a aquisição pela Hyder, e foi então designado CEO da Hyder Utilities. Foi nomeado CEO da United Utilities em Setembro de 1999 e reformou-se da empresa em Março de 2006.

Sir Nick Scheele é actualmente chanceler da Universidade de Warwick, posição que aceitou em Outubro de 2001.

Com 38 anos de trabalho na Ford Motor Company, reformou-se de *president* e de membro do conselho de administração em 2005. Em 1992, tornara-se *vice chairman* do conselho de administração da Jaguar Cars, ascendendo rapidamente a *chairman* e CEO. Em Julho de 2000, tornara--se *president* da Ford Europe e é-lhe atribuído o mérito de ter dirigido a cada vez mais bem sucedida transformação do negócio da Ford na Europa. Em Outubro de 2001, fora nomeado *president* e COO das operações globais da Ford, bem como membro do conselho de administração.

Paul Skinner é *chairman* da Rio Tinto, a empresa global de exploração mineira e de minerais cotada em bolsa no Reino Unido e na Austrália.

Skinner tem construído a sua carreira a trabalhar na indústria extractiva. Passou 40 anos no grupo de empresas Royal Dutch/Shell, ao qual se juntou ainda estudante em 1963. Durante a sua carreira, trabalhou em todos os principais negócios da Shell, incluindo nomeações de topo no Reino Unido, Grécia, Nigéria, Nova Zelândia e Noruega.

A partir de 1999 foi CEO do grupo no negócio global de produtos petrolíferos e foi director-geral da The Shell Transport and Trading Company (e director-geral do grupo) de 2000 a 2003. Skinner juntou-se ao conselho de administração da Rio Tinto como administrador não executivo em 2001 e tornou-se *chairman* em 2003.

James Strachan foi *chairman* da Audit Commission, a entidade reguladora de serviços públicos e protectora dos direitos dos cidadãos no Reino Unido, posição que deteve de 2002 a Janeiro de 2006.

Strachan estudou Economia e Inglês na Universidade de Cambridge e depois trabalhou durante 14 anos em Londres, na banca de retalho e na banca de investimento. Chegou a director-geral da Merrill Lynch em Londres e a membro do conselho de administração da Merrill Lynch International.

Strachan mudou-se para o sector público e do voluntariado em 1994 e tornou-se CEO do RNID (Royal National Institute for Deaf People)*, função que assumiu de 1997 a 2002. Actualmente é o *chairman* desta instituição.

---

* **N. T.** Instituto que trabalha com pessoas surdas.

Stephen Tindale é o actual administrador executivo da Greenpeace no Reino Unido.

Tindale começou a sua carreira como diplomata. Os seus quatro anos no Ministério dos Negócios Estrangeiros incluíram um ano na Embaixada Britânica no Paquistão. Depois disso, juntou-se à organização ambientalista Friends of the Earth como organizador das campanhas contra a poluição aérea.

Posteriormente, passou dois anos na Fabian Society. Foi depois trabalhar com o deputado Chris Smith, recentemente nomeado ministro sombra do Ambiente.* Após dois anos nesta função, foi para o Institute for Public Policy Research (IPPR), onde trabalhou sobre impostos ambientais e política energética.

Em seguida, tornou-se administrador da Green Alliance. Porém, saiu desta posição depois das eleições de 1997 para ser consultor especial de Michael Meacher quando este se tornou ministro do Ambiente. Tindale manteve este cargo durante dois anos, antes de decidir que seria mais eficaz a tentar influenciar a mudança de fora do sistema e se mudar para a Greenpeace no Reino Unido.

Laura Tyson é professora e antiga directora da Hass School of Business na Universidade da Califórnia, em Berkeley.

Anteriormente, foi directora da London Business School e consultora económica nacional da Casa Branca. Tyson foi directora desta escola de ciências empresariais entre 2002 e o final de 2006. Antes disso, tinha sido directora da Hass School of Business e professora de Economia e de Gestão de Empresas na Universidade da Califórnia.

Tyson esteve ao serviço da administração Clinton de Janeiro de 1993 a Dezembro de 1996. Entre Fevereiro de 1995 e Dezembro de 1996, foi consultora económica nacional do Presidente e a mulher

---

* **N. T.** Os ministros sombra são, no Reino Unido, os membros do Parlamento do partido da oposição encarregues da respectiva área governamental.

com uma posição mais elevada na Casa Branca de Clinton. Antes desta nomeação, foi a décima sexta *chairman* do Conselho de Consultores Económicos da Casa Branca e a primeira mulher a assumir esse cargo.

Actualmente, Tyson é também administradora da Morgan Stanley, da Eastman Kodak Company e da AT&T (antiga Ameritech Corp).

John Whybrow é actualmente *chairman* da Wolseley, o líder mundial na distribuição de produtos de aquecimento e canalização para o mercado profissional. Entrou para a Wolseley em 1997 como administrador.

A carreira de Whybrow começou em 1968 na English Electric Company. Entrou para a Philips em 1970 e ascendeu a director-geral do negócio da Philips Power Semiconductors and Microwave em 1987.

Em 1993, foi nomeado *chairman* e director-geral da Philips Electronics no Reino Unido. Posteriormente tornou-se *president* e CEO da Philips Lighting Holding na Holanda.

De Maio de 1998 a Abril de 2002, exerceu o cargo de *executive vice president* da Royal Philips Electronics, assumindo igualmente responsabilidades no conselho de administração ao liderar iniciativas relacionadas com a qualidade e o *e-business* da empresa.

Whybrow é também administrador da Dixons, retalhista de produtos electrónicos de consumo.

AGRADECIMENTOS

Antes de mais nada, um agradecimento sincero a todos os executivos que partilharam a sua experiência arduamente conquistada e a sua visão testada no terreno para a série Lessons Learned.

Angelia Herrin, da Harvard Business School Publishing, ofereceu consistentemente apoio incondicional, bom humor e aconselhamento desde o início deste ambicioso projecto.

Julia Ely, Hollis Heimbouch e David Goehring forneceram inestimável direcção editorial, perspectiva e encorajamento. Um grande agradecimento a Jennifer Lynn pela sua pesquisa e diligente atenção ao detalhe. Muito obrigado a toda a equipa de *designers* da HBSP, editores de texto e profissionais de *marketing* que ajudaram ao nascimento desta publicação.

Finalmente, um agradecimento ao nosso co-fundador James MacKinnon e a toda a equipa da Fifty Lessons pela enorme quantidade de tempo, esforço e apoio firme que dedicaram a este projecto.

Adam Sodowick
Andy Hasoon
Administradores e co-fundadores da Fifty Lessons